Lo que el clima
nos enseña sobre la Tierra

Miriam Coleman
Traducido por Alberto Jiménez

Nueva York

Published in 2016 by The Rosen Publishing Group, Inc.
29 East 21st Street, New York, NY 10010

First Edition

Editor: Sarah Machajewski
Book Design: Katelyn Heinle
Translator: Alberto Jiménez

Photo Credits: Cover, p. 7 (tornado) Minerva Studio/Shutterstock.com; p. 5 Patrick Foto/Shutterstock.com; p. 7 (sunny) S. Borisov/Shutterstock.com; p. 7 (hurricane) B747/Shutterstock.com; p. 7 (snowstorm) Igumnova Irina/Shutterstock.com; p. 9 Alex Staroseltsev/Shutterstock.com; p. 11 Jim Reed/Science Source/Getty Images; p. 13 (water cycle) Merkushev Vasiliy/Shutterstock.com; p. 13 (cirrus) Pi-Lens/Shutterstock.com; p. 13 (stratus) Wildnerdpix/Shutterstock.com; p. 13 (cumulonimbus) kazoka/Shutterstock.com; p. 14 kavram/Shutterstock.com; p. 15 Kim Steele/Photodisc/Getty Images; p. 17 ekler/Shutterstock.com; p. 19 (thermometer) Feng Yu/Shutterstock.com; p. 19 (barometer) GlOck/Shutterstock.com; p. 19 (rain gauge) Laurell, Philip/Getty Images; p. 19 (wind vane) albund/Shutterstock.com; p. 19 (anemometer) Cico/Shutterstock.com; p. 19 (weather balloon) Armin Rose/Shutterstock.com; p. 19 (satellite) Science & Society Picture Library/SSPL/Getty Images; p. 20 Carolina K. Smith MD/Shutterstock.com; p. 21 Bloomberg/Bloomberg/Getty Images; p. 22 M G Therin Weise/Photographer's Choice RF/Getty Images.

Library of Congress Cataloging-in-Publication Data

Coleman, Miriam.
Lo que el clima nos enseña sobre la Tierra / by Miriam Coleman, translated by Alberto Jiménez.
p. cm. — (Las Ciencias de la Tierra: detectives de nuestro planeta)
Includes index.
ISBN 978-1-4994-0075-5 (pbk.)
ISBN 978-1-4994-0070-0 (6-pack)
ISBN 978-1-4994-0074-8 (library binding)
1. Weather — Juvenile literature. 2. Meteorology — Juvenile literature. I. Coleman, Miriam. II. Title.
QC981.3 C65 2015
551.5—d23

Manufactured in the United States of America

CPSIA Compliance Information: Batch #WS15PK: For Further Information contact Rosen Publishing, New York, New York at 1-800-237-9932

CONTENIDO

El tiempo nos rodea siempre, aunque no lo veamos, y tiene un efecto considerable en nuestras vidas. **Determina** la ropa que llevamos puesta, lo que podemos hacer o no al aire libre, y muchas otras cosas. El tiempo es importante y hay mucho que aprender de él.

Los científicos que estudian el tiempo se llaman meteorólogos: son como detectives que reúnen pistas sobre el tiempo por todo el mundo. De esta forma averiguan por qué actúa como lo hace, cómo ha cambiado con los años, y qué clase de **clima** tendrá la Tierra en el futuro.

La lluvia es uno de los muchos tipos de clima de nuestro planeta.

¿QUÉ ES EL TIEMPO?

El tiempo es el estado de la atmósfera en un lugar y un momento concretos. Puede ser cálido o frío, húmedo o seco, soleado o nublado, ventoso o tranquilo. Puede consistir en días soleados y calurosos, pero también en tormentas eléctricas, en **ventiscas** o en **tornados**. La lluvia, la niebla, las tormentas de hielo, las olas de calor, los **huracanes** y el granizo son diferentes condiciones del tiempo atmosférico.

En un momento dado, el tiempo es diferente en distintas zonas del mundo, incluso puede serlo a una simple milla de distancia. El tiempo también puede cambiar con rapidez. Un cielo soleado puede tornarse en tempestuoso en cuestión de horas o incluso de minutos.

PARA QUE SEPAS

Las ventiscas, los tornados, y los huracanes se consideran fenómenos atmosféricos, o tipos de tiempo, **extremos**. El tiempo extremo es cualquier estado de la atmósfera que represente un peligro para las personas o resulte infrecuente en una región.

Estas imágenes muestran algunos de los tipos de tiempo que estudian los meteorólogos. Cada uno **revela** algo acerca de las condiciones meteorológicas de ese lugar en ese momento.

TODO ESTÁ EN LA ATMÓSFERA

Los meteorólogos saben que para entender el tiempo deben estudiar la atmósfera, la **capa** de gases que cubre el planeta. La atmósfera atrapa parte del calor solar que calienta la Tierra y hace posible que haya vida. A la vez impide que la temperatura suba demasiado.

La atmósfera se divide en varias capas. La troposfera es la más cercana a la Tierra. Desde la superficie terrestre, alcanza una altura de unas 11 millas (18 kilómetros). El clima de la Tierra tiene lugar mayormente allí. La estratosfera es la capa siguiente y se eleva cerca de 30 millas (48 km).

PARA QUE SEPAS

La estratosfera contiene una capa de un gas llamado ozono que impide que muchos de los dañinos rayos del Sol lleguen a la Tierra.

LA ESTRATOSFERA

LA TROPOSFERA

La mayor parte del tiempo atmosférico de la Tierra se origina en la troposfera y la estratosfera. Poco o ninguno en las otras capas.

El tiempo incluye seis elementos principales: la temperatura, la **presión** del aire, el viento, la humedad, las nubes, y las precipitaciones. La temperatura es la medida del calor o del frío de la atmósfera. La presión es la fuerza ejercida por el peso del aire, y el viento, el movimiento de éste.

La humedad es la cantidad de vapor de agua de la atmósfera. Las nubes se forman de minúsculas gotas de vapor que se unen entre sí. Si estas gotas minúsculas se unen y aumentan de tamaño, caen del cielo en forma de precipitación. Los meteorólogos saben que diferentes combinaciones de estos elementos originan distintos tipos de tiempo.

Este meteorólogo mide la velocidad del viento. Esto le dará una idea de lo que sucede en la atmósfera de ese lugar de la Tierra.

PARA QUE SEPAS

La precipitación es el agua de las nubes que cae al suelo en forma de lluvia, nieve, aguanieve, o granizo.

EL CICLO DEL AGUA

El agua tiene mucho que ver con el tiempo, por lo que los científicos estudian cómo se mueve en, sobre, y debajo de la superficie terrestre, a través de un **proceso** llamado ciclo del agua o ciclo hidrológico.

El ciclo del agua comienza con la evaporación, que se produce cuando el Sol calienta el agua de océanos, ríos, y lagos, y la convierte en vapor. Lo siguiente es la condensación, cuando el vapor de agua del aire se enfría y se une para formar nubes. La precipitación sucede si el aire se llena de gotas de agua. El agua cae del cielo en forma de lluvia, nieve, aguanieve, o granizo. Tras caer la lluvia o derretirse el hielo y la nieve, el agua se deposita en grandes masas de agua hasta que se evapora de nuevo.

El ciclo del agua origina muchas clases de nubes, que también nos dan pistas sobre los diferentes tipos de tiempo. Las nubes ligeras e hinchadas son señal de buen tiempo, mientras que las oscuras y aplanadas presagian lloviznas o fuertes tormentas.

estratos

cirrus

cumulonimbos

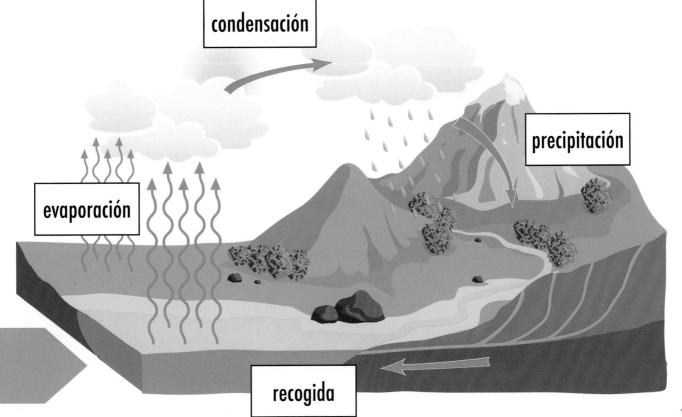

condensación

precipitación

evaporación

recogida

FRENTES METEOROLÓGICOS

El movimiento de las masas de aire influye en el tiempo tanto como el del agua. El encuentro de una masa de aire caliente, más ligera, con una masa de aire frío, más pesada, suele provocar tormentas. La frontera entre dos masas de aire distintas se llama frente.

El frente frío ocurre cuando el aire frío empuja una masa de aire caliente. Se mueve con rapidez y provoca caídas repentinas de temperatura, así como lluvias fuertes, truenos y relámpagos. Los frentes cálidos aparecen cuando una masa de aire caliente empuja a otra de aire frío. Los frentes cálidos pueden provocar tiempo nuboso y húmedo. En invierno también causan nevadas y tormentas de hielo.

Los meteorólogos son capaces de seguir la trayectoria de las masas de aire por varios días antes de que lleg una zona y, de este modo, **predecir** las condiciones meteorológicas que tendrán lugar. Así podemos prepar para temperaturas bajas, lluvias copiosas o hermosos días soleados.

Todo lo que los científicos han aprendido sobre el tiempo nos ayuda a entender el clima de la Tierra. Los científicos han reunido tantos **datos** que podemos utilizar los resultados del pasado para averiguar qué tiempo hará en un lugar durante ciertas épocas del año.

El clima de un sitio concreto se ve afectado por la ubicación de la zona y la cantidad de luz solar que ésta recibe. El clima también afecta la vida de las plantas y animales que puedan subsistir en una zona. En los climas tropicales hay altas temperaturas todo el año y, con frecuencia, lluvias copiosas. Los climas polares se caracterizan por temperaturas gélidas casi continuas. Los climas templados tienen veranos cálidos y secos e inviernos fríos y húmedos.

PARA QUE SEPAS

La Tierra se divide en tres zonas o regiones climáticas principales, que se determinan por la temperatura y la cantidad de precipitaciones.

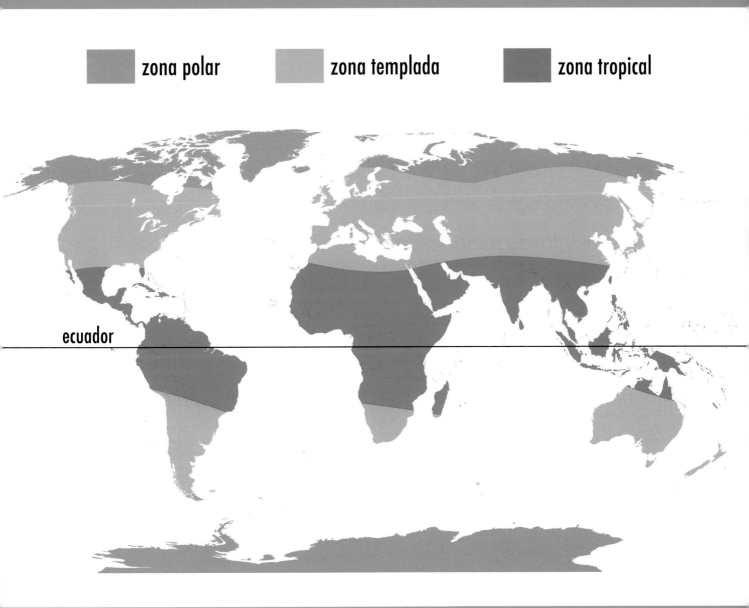

zona polar **zona templada** **zona tropical**

ecuador

El clima de la Tierra cambia sin cesar. Algunas pistas que revelan el cambio climático de una zona son el aumento del número de tormentas o de tornados, la escasez de precipitaciones, o el tiempo más frío o más cálido de lo normal.

Los científicos han creado multitud de instrumentos para estudiar el tiempo. Los termómetros miden la temperatura; los barómetros, la presión del aire; los pluviómetros, las precipitaciones. Las veletas indican la dirección del viento, y los anemómetros su velocidad.

Los globos meteorológicos vuelan a la estratosfera para recopilar información sobre la presión del aire, la temperatura y la humedad. Ciertos instrumentos localizan lluvia, granizo y nieve en el aire. Otros rastrean la temperatura y la humedad desde el espacio, generando imágenes que se analizan después.

El tiempo no es un adversario para los científicos equipados con estos instrumentos, pues todos nos enseñan algo distinto acerca del tiempo y su efecto sobre la Tierra.

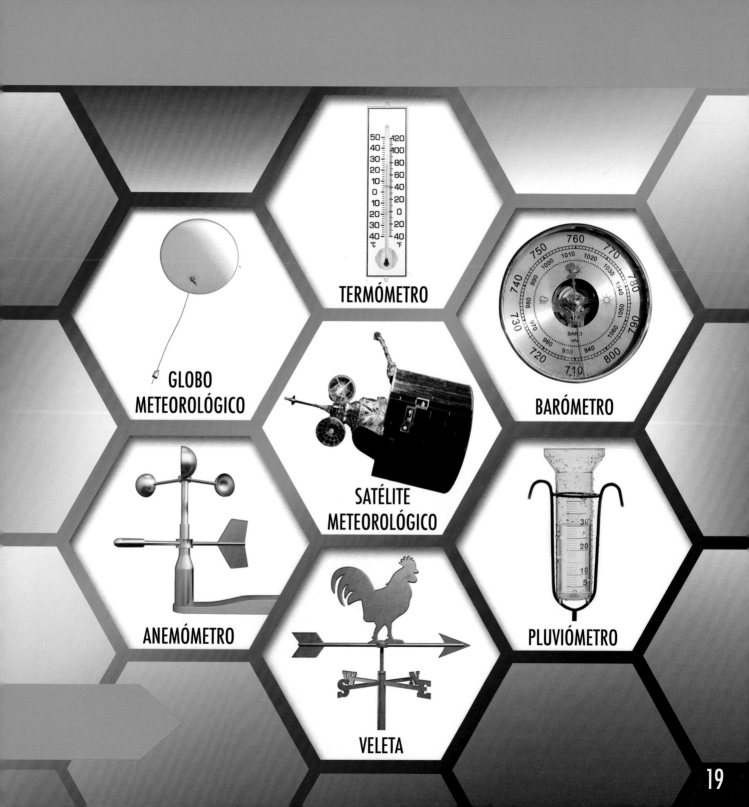

TERMÓMETRO

GLOBO
METEOROLÓGICO

BARÓMETRO

SATÉLITE
METEOROLÓGICO

ANEMÓMETRO

PLUVIÓMETRO

VELETA

PREDICCIÓN METEOROLÓGICA

Mediante el estudio de los datos obtenidos, los científicos saben cómo es el tiempo en distintas partes, cercanas y lejanas. Esto les ayuda a determinar su desplazamiento y sus cambios a lo largo de una zona o área.

Además, utilizan potentes computadoras para crear mapas del tiempo. Estas computadoras procesan enormes cantidades de datos para calcular los cambios más probables. Gracias a todo esto, los meteorólogos pronostican qué tiempo hará dentro de una hora, al día siguiente o en una semana, la llamada predicción meteorológica o pronóstico del tiempo. ¡Pero tales predicciones no son siempre correctas, ya que el tiempo puede cambiar inesperadamente!

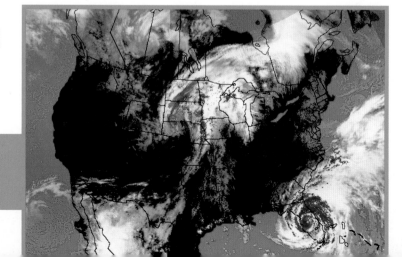

En este mapa se observa un huracán sobre Florida.

Los mapas y pronósticos meteorológicos son útiles para muchas personas. Los pilotos de avión y los capitanes de barco los utilizan para mantenerse a salvo cuando vuelan o navegan, por ejemplo. Escucha el pronóstico del tiempo antes de irte de excursión al campo o a la playa.

¿POR QUÉ IMPORTA EL TIEMPO?

Los científicos han encontrado **evidencias** de que el clima terrestre está cambiando debido a la actividad humana. De hecho, el 97 por ciento de ellos creen que el cambio climático de los últimos 100 años se debe sobre todo a nosotros mismos.

Los cambios del clima terrestre han hecho que glaciares se derritan, los mares suban y las temperaturas aumenten, lo que puede perjudicar a las plantas, los animales y las personas. Por eso es importante estudiar y entender las pistas que demuestran cómo se desenvolvió el tiempo en el pasado

para deducir cómo será en el futuro. Con ellas entenderemos mejor el cambio climático y sabremos qué hacer para cuidar de la Tierra.

GLOSARIO

capa: Cada una de las partes superpuestas que forman un todo.

clima: Estado atmosférico de una zona durante un largo período.

datos: Elementos recopilados para un estudio.

determinar: Hacer que algo ocurra de una manera concreta.

evidencia: Datos que demuestran la veracidad de algo.

extremo: Algo en su grado máximo.

huracán: Tormenta con fuertes vientos giratorios que se forma sobre aguas cálidas.

predecir: Hacer conjeturas, basadas en hechos, sobre qué sucederá en el futuro.

presión: Fuerza que empuja otra cosa.

proceso: Serie de acciones o pasos.

revelar: Dar a conocer.

tornado: Rotación del aire en forma de embudo que se extiende desde una nube hasta la tierra.

ventisca: Tormenta invernal con nieve y fuertes vientos.

ÍNDICE

SITIOS DE INTERNET

Debido a que los enlaces de Internet cambian a menudo, PowerKids Press ha creado una lista de los sitios Internet que tratan sobre el tema de este libro. Este sitio se actualiza con regularidad. Por favor, usa este enlace para ver la lista: www.powerkidslinks.com/det/wthr